El Día de San Valentín

Caramelos, amor y corazones

Elaine Landau

Enslow Elementary
an imprint of

Enslow Publishers, Inc.

40 Industrial Road	**PO Box 38**
Box 398	**Aldershot**
Berkeley Heights, NJ 07922	**Hants GU12 6BP**
USA	**UK**

http://www.enslow.com

Para Emily Garmizo

Enslow Elementary, an imprint of Enslow Publishers, Inc.

Enslow Elementary ® is a registered trademark of Enslow Publishers, Inc.

Spanish edition copyright © 2005 by Enslow Publishers, Inc.

Originally published in English under the title *Valentine's Day—Candy, Love, and Hearts* © 2002 Elaine Landau.

Spanish edition translated by Susana C. Schultz, edited by Adriana Cruz Santacroce, of Strictly Spanish, LLC.

Library of Congress Cataloging-in-Publication Data

Landau, Elaine.
   [Valentine's Day. Spanish]
   El día de San Valentín : caramelos, amor y corazones / Elaine Landau.
     p. cm. — (Días festivos)
   Includes bibliographical references and index.
   ISBN 0-7660-2613-2
   1. Valentine's Day—United States—Juvenile literature. I. Title. II. Series.
   GT4925.L3618 2005
   394.2618—dc22   2005006436

Printed in the United States of America

10 9 8 7 6 5 4 3 2 1

Photo Credits/Créditos fotográficos: © 1999 Artville, LLC, p. 10; Cameramann International, Ltd., pp. 17, 38; Cheryl Wells, p. 43; COMPUSERVE/Associated Press, p. 30 (both/ambos); © Corel Corporation, pp. 6, 11, 20, 24, 26, 29, 32, 33, 41 (all/todo), 42 (background/fondo), 43 (background/fondo), 44, 46; Hemera Technologies, pp. 1, 2, 3, 7 (top/parte superior), 9, 13, 15, 21, 27, 34, 37 (both/ambos), 39, 40 (both/ambos); Historical Pictures Services, Chicago, p. 12; Hulton Getty Collection/Archive Photos, pp. 16, 19; Jim Tuten /Associated Press, p. 28; JupiterImages, pp. 4, 5, 7 (bottom/parte inferior), 18, 22, 23, 25, 35, 45, 47, 48; Kevin Higley/Associated Press, p. 36; Lambert/Archive Photos, p. 8; Sakchai Lalit/Associated Press, p. 31; William Sauts Bock, p. 14.

Cover Credits/Créditos de la cubierta: © Corel Corporation (background and middle inset/fondo y encarte central); Hulton Getty/Archive Photos (bottom inset/encarte inferior); Jupiter Images (top inset/encarte superior).

CONTENIDO

¡Dar regalos y tarjetas del Día de San Valentín es una forma divertida de que tu familia y tus amigos sepan que ellos te importan!

CAPÍTULO 1

Tarjetas, tarjetas, tarjetas

Es divertido regalar tarjetas a todos tus amigos y a tu familia en San Valentín. Tú puedes comprar tarjetas en la tienda, ¡pero todavía más divertido es hacer tus propias tarjetas!

A muchas personas les gusta enviar tarjetas de felicitación. Las hay para cumpleaños, bodas y graduaciones escolares. Las tarjetas expresan buenos deseos y demuestran nuestro cariño.

A menudo, también se envían tarjetas para los días festivos. Cada año se envían millones de tarjetas de Navidad. También es divertido enviar tarjetas para Halloween. Sin embargo, no enviamos tarjetas para todos los días festivos. Generalmente, no enviamos tarjetas en feriados como el Día de la Raza, el Cumpleaños de Washington o el Día de Martin Luther King, Jr.

Pero hay un día festivo que es reconocido

Algunos valentines, como este antiguo valentine que se ve en la foto, contienen palabras acerca del amor y la amistad.

porque se envían tarjetas. Dichas tarjetas contienen palabras sobre el amor o la amistad. Algunas tienen corazones. A menudo son rojas o rosadas. Se llaman valentines. Muchas personas hacen sus propios valentines. Otras personas los compran. Podemos regalar tarjetas de San Valentín a todas las personas que queremos. Los niños pueden regalarlas a sus amigos. Los padres se las regalan a sus hijos. Los abuelos se las regalan a sus nietos. Algunas personas hasta le regalan valentines a sus mascotas.

Todos los años, la gente envía valentines el 14 de febrero que es el Día de San Valentín. No es el mismo tipo de día festivo que el Día de los Presidentes. Las escuelas están abiertas en San Valentín. También lo están los bancos y negocios. Los carteros están muy ocupados ese día ya que deben entregar toneladas de valentines.

San Valentín es un día muy especial. Es un día para demostrar nuestro cariño y amistad. Es un día dedicado al amor.

El Día de San Valentín se trata de amistad y de amor.

Los aviones que forman letras con humo pueden recordar a todos que es el Día de San Valentín.

CAPÍTULO 2
Cómo todo comenzó

Muchos creen que el Día de San Valentín viene de la época de los antiguos romanos. Todos los años, el 15 de febrero, los romanos celebraban un gran festival en honor del dios Luperco, porque creían que los protegía de los lobos.

El Día de San Valentín no es una nueva celebración. Se ha celebrado por cientos de años. Sin embargo, nadie sabe exactamente cómo comenzó este día festivo.

Podría haber comenzado con los antiguos romanos. Ellos vivían hace más de 2,000 años en un país llamado Italia. El 15 de febrero de cada año, participaban en una celebración conocida como el festival de Lupercalia. Dicho festival honraba al dios romano Luperco. Los romanos creían que Luperco los protegía de los lobos. Todos disfrutaban del festival. La gente bailaba y cantaba. Había carreras a pie y la gente participaba en juegos por horas.

Hay varias historias que explican cómo comenzó el Día de San Valentín. Pero casi todas parecen tener orígen en la antigua Roma.

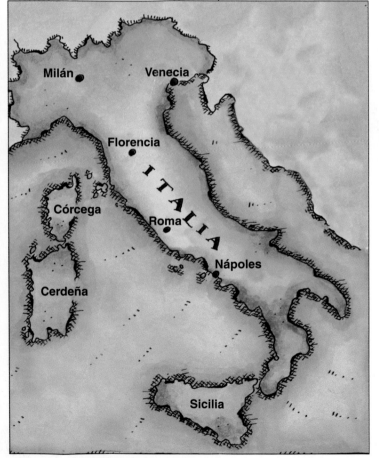

Uno de esos juegos era una manera de que los jóvenes se conocieran. Comenzaba la noche antes del festival. Al atardecer del 14 de febrero, todas las muchachas se reunían. Escribían sus nombres en pedazos de papel. Los papeles eran luego colocados en un bol grande. Cada muchacho tomaba un papel sin mirar el nombre escrito en él. Luego, la muchacha cuyo nombre había sacado del bol sería su compañera durante el festival. Todas las parejas pasaban el día juntas. Algunos se enamoraban y más adelante se casaban.

Muchas personas creen que San Valentín comenzó de una manera diferente. Creen

que podría haber comenzado a través de dos sacerdotes, ambos llamados Valentín.

Una de estas historias también ocurre en la antigua Roma, en el tercer siglo A.D. El emperador Claudio II era un gobernante cruel. Él quería que los cristianos renunciaran a su religión. Les dijo que rezaran a los dioses romanos. Los que rehusaron hacerlo fueron encarcelados o él los hizo matar.

Roma, en Italia, tiene muchos edificios viejos.

Nadie sabe con seguridad cómo era San Valentín. Esta es una idea de cómo puede haber sido.

Un sacerdote llamado Valentín no quiso obedecer y fue encarcelado. Los niños extrañaban a su sacerdote. Ellos le pasaban notas a Valentín a través de la ventana de la cárcel y él les volvía a escribir. Valentín se hizo amigo de la hija del carcelero. La niña, que era ciega, le traía la comida a Valentín.

Pero aun encontrándose en la cárcel, Valentín estaba en peligro. Nuevamente, el emperador ordenó que Valentín rezara a los dioses romanos. El sacerdote se rehusó y fue asesinado el 14 de febrero.

Antes de morir, Valentín escribió una última nota a la hija del carcelero. Según la historia, la niña ciega pudo leer la nota. Ella pudo volver a ver. El sacerdote escribió en la nota: "De tu Valentín". Hay quienes dicen que por esa razón nos enviamos valentines hoy en día.

¿Pero será verdad? También existe una

historia sobre otro sacerdote llamado Valentín. Él también se opuso al emperador Claudio II, pero por una razón diferente.

Claudio II quería crear un ejército poderoso. Él ordenó a sus soldados que no se casaran. El emperador no quería que los hombres pensaran en sus familias. Quería que pensaran sólo en ganar batallas.

Claudio II ordenó que los sacerdotes no casaran a la gente. Pero Valentín no lo escuchó. Él casó a muchas parejas jóvenes y fue arrestado. Claudio II lo hizo asesinar el 14 de febrero.

Algunas personas creen que ambas historias son verdaderas. Pero creen que las historias hablan de un mismo hombre. ¿Existió tan sólo un Valentín? Quizás nunca lo sepamos.

A lo mejor un sacerdote llamado Valentín hizo muchas cosas buenas. A lo mejor se

Claudio no permitía que sus soldados se casaran.

Valentín no rezaba a los dioses romanos, por ejemplo Marte, el dios de la guerra.

rehusó a orar a los dioses romanos. También podría haber ayudado a que dos jóvenes enamorados se casaran. Y, él podría haber sido un buen amigo de los niños. Más adelante, a Valentín lo declararon santo.

Pero, la historia no ha terminado. Todavía existe otro cuento sobre cómo podría haber comenzado el Día de San Valentín. Este cuento se inició en Inglaterra hace mucho tiempo. La gente se dio cuenta de que los pájaros elegían a sus parejas alrededor del 14 de febrero. Ellos pensaban que las personas deberían hacer lo mismo. Por eso, el 14 de febrero se convirtió en un día para celebrar el amor.

¿Cuál historia sobre San Valentín es verdad? Todas podrían tener algo de verdad. Los muchachos sacaban nombres de chicas de un bol durante Lupercalia. Hoy en día, los niños en las escuelas hacen algo similar. Durante las fiestas en que participan, a menudo sacan valentines de una caja.

Un sacerdote llamado Valentín enviaba notas amables. Ahora, la gente envía tarjetas. Los pájaros también forman parte de San Valentín. Las pequeñas cacatúas, conocidas como *lovebirds* en inglés, nos hacen pensar en el amor. A menudo se ven en las tarjetas de San Valentín. Es muy probable que el Día de San Valentín sea una mezcla de muchos cuentos e ideas diferentes.

Es divertido pensar en cómo podría haber comenzado el Día de San Valentín. Y es aún más divertido celebrarlo.

Las cacatúas, o *lovebirds*, a menudo aparecen en las tarjetas del Día de San Valentín.

Este es un valentine hecho a mano a principios de los años 1900, cuando enviar tarjetas en los Estados Unidos se hizo realmente popular.

CAPÍTULO 3

¡Vamos a celebrar!

El Día de San Valentín es celebrado en todo Estados Unidos. Muchas personas envían tarjetas. Esta costumbre comenzó a mediados del siglo XVIII. La mayoría de las primeras tarjetas de San Valentín eran hechas por las personas que las enviaban.

Las tarjetas se popularizaron a principios del siglo XX. En esos momentos existían grandes compañías que fabricaban tarjetas de felicitación. La gente podía comprar tarjetas muy lindas a precios bajos. Hasta había valentines que costaban un centavo, llamadas *penny valentines* en inglés. A los niños les encantaban esas tarjetas. Ellos se las regalaban a sus amigos.

TARJETAS EN BRAILLE

Algunas tarjetas del Día de San Valentín están escritas en Braille. El Braille es un idioma que usa puntitos levantados que la gente puede leer tocando con los dedos.

(*De todo corazón llega este deseo sincero, porque eres muy especial todo el año entero. ¡Feliz San Valentín!*)

Los corazones son símbolos del Día de San Valentín.

Había otra razón por la cual las tarjetas de San Valentín se hicieron populares. No tenía nada que ver con el amor o la amistad. Tenía que ver con el servicio de correos. En 1790, sólo había 75 oficinas de correos en los Estados Unidos. Hacia 1900, había más de 75,000. Al haber más oficinas de correos, era más fácil enviar valentines. La gente podía recibirlos en cualquier lugar.

Hoy tenemos todo tipo de tarjetas de San Valentín. Algunas hasta son musicales. Cuando se abre una tarjeta musical, toca una canción. Algunas tarjetas son muy grandes. Tan grandes que no entran en el buzón. El cartero las tiene que traer directamente a la puerta.

Hay tarjetas con poemas de amor largos. Pero también hay valentines cortos y divertidos. Los estadounidenses gastan cerca de $277 millones en tarjetas de San Valentín todos los años. Navidad es el único día festivo cuando la gente gasta más en tarjetas.

Los corazones, los cupidos y las pequeñas cacatúas son símbolos del Día de San Valentín. Esos símbolos significan lo que pensamos sobre ese día. Los corazones personalizan el amor que la gente se demuestra ese día. Cupido es el dios romano del amor. Él tiene alas y lleva un arco y flechas. Las flechas de Cupido significan amor. Cuando una flecha de Cupido toca a alguien, esa persona se enamora. Las pequeñas cacatúas significan romance. Esto es por la creencia antigua de que los pájaros buscan pareja el 14 de febrero.

Esta tarjeta del Día de San Valentín muestra a Cupido, el dios romano del amor, reparando un corazón roto.

19

Es divertido cocinar galletitas en forma de corazón.

A menudo, las escuelas celebran el Día de San Valentín. Los estudiantes decoran los salones de clase. Algunos hasta hacen sus propias tarjetas de San Valentín. Otros recortan corazones, cupidos y pequeñas cacatúas. Generalmente se usa papel rojo o rosado. Esos son los colores de San Valentín.

Los niños a menudo intercambian tarjetas durante las fiestas que se hacen en las clases. A veces se sirven golosinas especiales. Algunas pueden ser galletitas en forma de corazones. Entre las golosinas populares de este día se encuentran pequeños bizcochos con baño rosado, chocolates envueltos en papel rojo y caramelitos en forma de corazones con dichos relativos al Día de San Valentín.

Algunas escuelas y clubes hacen bailes de San Valentín. También hay ferias de San

Valentín. Los payasos pintan las caras de los niños. Pueden pintar corazones y cupidos en sus mejillas.

Los juegos del Día de San Valentín son divertidos. La gente puede jugar con peluches en forma de corazón o adivinar la cantidad de caramelos en un jarro grande. También se vende comida especial. Las pizzas en forma de

Algunas personas hacen postres especiales para el Día de San Valentín, como este pastel en forma de corazón.

Es divertido regalar cosas especiales a los amigos y familia.

corazón son sabrosas. También hay muchos postres de color rosado y rojo.

La mayoría de las bibliotecas públicas celebran San Valentín. A menudo, las salas de los niños están decoradas. Se ponen en exhibición libros infantiles sobre el Día de San Valentín. A veces, hasta regalan marcadores de libros. Estos marcadores también pueden listar más libros para leer sobre el día festivo. Muchas bibliotecas ofrecen programas para San Valentín. Y un grupo de teatro juvenil puede incluso dar un espectáculo. También puede haber ratos especiales para hacer artesanías y manualidades de San Valentín.

Pero no sólo los niños celebran al Día de San Valentín. A los adultos también les gustan las tarjetas y los dulces. En ese día se regalan millones de cajas de chocolate en forma de corazón. A menudo, también se envían flores.

Algunos niños les dan a sus padres valentines de "ayuda". Son más que tarjetas. Son regalos. Los niños decoran corazones de papel. En ellos escriben algo que harán para ayudar a sus padres. Podrían escribir: "Este valentín vale por una semana de sacar al perro

¡Nunca se es demasiado joven para dar o recibir un valentine!

Muchas personas, como los bomberos y los oficiales de policía, trabajan mucho todos los días por nuestra seguridad. ¡También debemos recordarlos el Día de San Valentín!

a caminar". Otra ayuda buena es una semana de lavar los platos. A los padres les encantan estos valentines. Y a los abuelos también. Pero, los valentines de "ayuda" pueden regalarse a cualquier persona.

Muchos jóvenes tratan de que San Valentín sea extra especial. Ellos dedican el día a ser mejores amigos o a hacer algo amable. También podrían agradecer a alguien que haya sido muy cortés.

Algunos estudiantes hacen valentines para

las personas que quizás de otra manera no recibirían una tarjeta ese día. Hacen bellas tarjetas para la persona que los ayuda a cruzar la calle en la escuela. Los limpiadores o los enfermeros de las escuelas también podrían recibir una tarjeta.

A veces, la clase entera hace una tarjeta grande. Podría ser para el departamento local de bomberos. Los bomberos y la policía protegen a la comunidad. San Valentín es un día para demostrarles cuánto apreciamos lo que hacen. Las tarjetas creadas en las clases también pueden ir a niños en hospitales. A las personas en asilos de ancianos también les gusta recibir valentines. Las tarjetas de San Valentín alegran a mucha gente.

La bondad no tiene límites. El Día de San Valentín es ideal para comprobarlo.

¡Hacer tarjetas para quienes están en el hospital hace sentir bien a todos!

25

Miles de parejas se casan todos los años el Día de San Valentín.

CAPÍTULO 4

Bodas en el Día de San Valentín

CÓMO DECIR
"TE AMO"

Se puede decir "Te amo" de muchas maneras diferentes.

Inglés:
I love you

Francés:
Je t'aime

Alemán:
Ich liebe Sie

Italiano:
Ti voglio bene

Portugués:
Eu te amo

Ruso:
Ya tebya liubliu

Griego:
S'agapo

Por mucho tiempo, San Valentín ha sido el día del amor. Cada año, miles de parejas se casan el 14 de febrero.

Las capillas de todo el país están muy ocupadas ese día. Muchas parejas van a la capital de las bodas de nuestra nación. Dicha capital es Las Vegas, Nevada.

Hay más de 50 capillas para bodas en Las Vegas. En el Día de San Valentín, muchas están abiertas las 24 horas. Algunas efectúan una boda cada quince minutos. A menudo, las bodas efectuadas en San Valentín en Las Vegas son sumamente inusuales.

Una pareja se casó en un barco. El barco

27

Un Día de San Valentín, 24 parejas se casaron en una montaña rusa en Busch Gardens en Florida. En la foto aparecen (de izquierda a derecha) Matt Ledon y Melissa Williams, quienes se casaron ese día en el Montu.

estaba parado en frente al Casino Treasure Island. Marineros y piratas estuvieron presentes durante la ceremonia. Otra pareja se casó en el Café Harley-Davidson. Después de la ceremonia, se fueron en sus motocicletas. Los novios pasearon por toda la ciudad para celebrar. En otra ceremonia, la pareja se casó ¡en un globo aerostático!

En Las Vegas, se realizó un casamiento en

Algunas parejas se casan en un globo aerostático.

¿Pueden imaginarse casarse por la Internet? ¡Joseph Perling y Victoria Vaughn se casaron de esa forma!

grupo en un museo de figuras de cera. Una cantidad de parejas se casaron al mismo tiempo. Las figuras de cera fueron ubicadas entre los novios y las novias. Se veían muy reales. Era difícil distinguir las figuras de cera de las parejas verdaderas.

Pero, las bodas inusuales del Día de San Valentín no sólo tienen lugar en Las Vegas.

Estas parejas se casaron en Bangrak, o "Lugar del amor", en Bangkok, Tailandia.

En las bodas militares, la novia y el novio reciben el saludo de honor con espadas.

Algunas personas hasta han viajado a Tailandia. Un año, 36 parejas organizaron un casamiento en grupo allí.

Fue un evento bajo el agua. Las parejas llevaban sus ropas de boda sobre su equipo de bucear. Intercambiaron anillos bajo el agua. Los novios firmaron documentos de casamiento a prueba de agua. Usaron lapiceras especiales para la ocasión.

Todas las parejas tuvieron una boda inolvidable. Para ellos, el Día de San Valentín siempre será extra especial.

Las parejas de otros países también se casan el Día de San Valentín. Ellos se visten con ropas y colores que tengan un significado especial para ellos.

CAPÍTULO 5

Maneras especiales de celebrar

Una forma divertida de enviar valentines es a través de la Internet. Muchos sitios web, como los de la página 47, ofrecen tarjetas que se pueden enviar gratis.

En ciertos lugares, pueblos enteros celebran el Día de San Valentín. Eso sucede cada año en Loveland, Colorado. El apodo de Loveland es "La Ciudad del Amor". En San Valentín, la ciudad vive su nombre y su apodo.

La diversión empieza en la oficina de correos de Loveland. Las tarjetas enviadas a través de Loveland reciben un tratamiento especial. Son selladas con un poema corto relacionado con el Día de San Valentín.

La oficina de correos de Loveland ofrece aún más cosas. Ofrece el programa de

Las personas de todo el mundo envían sus tarjetas a una oficina postal en Loveland, Colorado, para que las sellen con un poema especial por el Día de San Valentín. En este lugar, el funcionario de correos C.J. Kilbourn trabaja con valentines para que se despachen a tiempo.

re-envío para San Valentín. Personas de todo el mundo participan. Ellas envían sus valentines a la oficina de correos de Loveland. Allí se les agrega el sello especial con el poema antes de enviarlos.

El pueblo hace un concurso para elegir a la "Miss Loveland Valentine". Ella será la Miss Loveland Valentine por un año.

La ganadora siempre es una estudiante de una escuela secundaria. Los jueces eligen a una chica especial. Ella debe tener buenas notas. Pero la personalidad es también importante.

Los caramelos y las flores son regalos populares del Día de San Valentín.

La Miss Loveland Valentine se mantiene muy ocupada. Ella participa en todos los eventos del pueblo. Hasta visita al gobernador del estado.

Pero los chicos también se divierten. Cada año, un niño es elegido para ser el "Cowboy Cupido". Generalmente, él tiene de cuatro a seis años. Cowboy Cupido también va a las celebraciones del pueblo. Siempre es fácil verlo. Está vestido con traje de cowboy y, al igual que Cupido, lleva un arco y una flecha.

Para ese día festivo, el pueblo también está decorado en rosado y rojo. Los negocios cuelgan corazones o cupidos en sus edificios. Se cuelgan tarjetas entre las luces de la calle.

Hay otros pueblos que celebran mucho. Uno de ellos es Valentine, Nebraska. En los Estados Unidos se conoce como la "Ciudad del Corazón". Cada año, la Ciudad del

En muchas escuelas, los niños hacen sus propios valentines en clase.

Corazón realiza celebraciones especiales de San Valentín. Una de ellas es la Coronación del Día de San Valentín. En coronaciones verdaderas, se coronan a reyes y reinas. La ciudad de Valentine, Nebraska, corona a un rey y a una reina de corazones.

Todos conocen a la pareja real. Son estudiantes de la Escuela Secundaria Rural de Valentine. Sus compañeros de clase son quienes votan para elegirlos. También votan a los miembros de la Corte Real de Valentine. Esto incluye a un príncipe y a una princesa de corazones. También hay un duque y una duquesa.

Valentine, Nebraska, ha celebrado coronaciones por más de 55 años. Siempre se realiza el domingo antes del Día de San Valentín. Muchas personas van a ver el evento. La banda de la secundaria toca

Las rosas son populares en el Día de San Valentín.

En algunas escuelas y ciudades, hay bailes especiales en el Día de San Valentín.

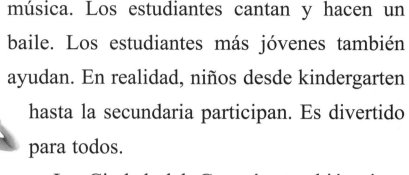

música. Los estudiantes cantan y hacen un baile. Los estudiantes más jóvenes también ayudan. En realidad, niños desde kindergarten hasta la secundaria participan. Es divertido para todos.

La Ciudad del Corazón también tiene otras celebraciones. No son todas para la gente joven. Durante el Festival de los Enamorados, se honra a las parejas que han estado casadas por más de cincuenta años. Se corona a un rey y una reina mayor en San Valentín. En la Ciudad del Corazón, San Valentín es para gente de todas las edades.

San Valentín es un día extra especial en Valentine, Nebraska, y Loveland, Colorado. Pero este día festivo es fabuloso en todos lados. Es el día del amor y la amistad. Y estas son cosas que la gente comparte en todas partes.

Debemos demostrar a los demás que los queremos todos los días, no solamente el Día de San Valentín.

41

Manualidades para el Día de San Valentín

★

Gente en forma de corazón

El Día de San Valentín puede ser especial si se hace algo más que enviar tarjetas. Trata de hacer estas divertidas manualidades en forma de corazón para regalar a tu familia o para decorar. Tú necesitarás:

✔ **2 hojas de papel rojo de construcción**

✔ **2 hojas de papel rosado de construcción**

✔ **1 hoja de papel blanco de construcción**

✔ **15 corazones pequeños surtidos**

✔ **goma blanca**

✔ **tijeras (que no sean peligrosas)**

*Nota de Seguridad: Asegúrate de pedir ayuda a un adulto si la necesitas, para completar este proyecto.

1. Corta dos corazones grandes: uno rosado y uno rojo.

2. Corta cuatro corazones pequeños: dos rosados y dos rojos.

3. Engoma la base del corazón rojo grande con la base del corazón rosado grande.

4. Corta el papel blanco en cuatro tiras de 2½" por 10"

5. Dobla cada tira hacia atrás y hacia adelante, como un acordeón.

6. Engoma los corazones rojos pequeños a dos de las tiras blancas. Engoma los corazones pequeños rosados a las otras dos tiras.

7. Une las tiras al cuerpo (formado por los dos corazones grandes) para formar brazos y piernas. Coloca los corazones pequeños para formar una cara. Engoma estas piezas una con otra.

8. Deja secar la persona hecha de corazones durante 15 minutos, luego ¡muéstrasela a todos!

Manualidades para el Día de San Valentín

¡Listos para empezar!

¡Las personas con forma de corazón están prontas para regalar a tus valentines!

Braille—Idioma que utiliza puntos levantados y que se lee al tacto con los dedos.

comunidad—Grupo de personas que viven en la misma zona. Un vecindario es un ejemplo de comunidad.

Claudio II—Emperador romano que gobernó durante el siglo tercero después de Cristo.

Cupido—Dios romano del amor.

Palabras a conocer

★

Lupercalia—Antiguo festival romano.

penny valentines—Tarjetas de San Valentín que cuestan un centavo.

popular—Que es apreciado por la gente.

símbolo—Algo que representa otra cosa.

Valentín—Sacerdote romano que fue declarado santo. El Día de San Valentín se creó para homenajearlo. Un valentín también puede ser una tarjeta que regalamos el Día de San Valentín.

Material de lectura

★

En español

Tabor, Nancy Maria Grande. *Celebrations / Celebraciones*. Charlesbridge, 2004.

En inglés

Landau, Elaine. *Valentine's Day—Candy, Love, and Hearts*. Berkeley Heights, N.J.: Enslow Publishers, Inc., 2002.

Rosinsky, Natalie M. *Valentine's Day*. Minneapolis, Minn.: Compass Point Books, 2003.

Direcciones de Internet

★

En inglés

VALENTINE, NEBRASKA E-CARDS
<http://heartcity.net/ecards>

CARDS AND CRAFTS FOR VALENTINE'S DAY
<http://www.enchantedlearning.com/
crafts/valentine/>

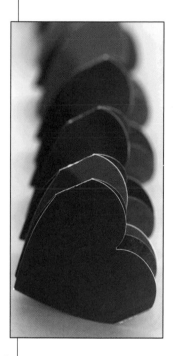

Índice

★